AF226344

DISCOURS

DES CITOYENS DESMARETS

ET

DE PRESSENSÉ

(STÉNOGRAPHIE REVUE PAR LES ORATEURS)

SE VEND AU PROFIT DES BLESSÉS : 25 CENTIMES

PARIS

AUX BUREAUX DE LA REVUE DES COURS LITTÉRAIRES

(LIBRAIRIE GERMER BAILLIÈRE)

RUE DE L'ÉCOLE-DE-MÉDECINE, 17

1870

DISCOURS DU CITOYEN DESMARETS

Nous venons tenter avec votre concours une œuvre qui nous apparaît avec un caractère de grandeur et d'utilité. Nous avons la pensée de fonder avec vous un club, une réunion publique, dans laquelle pourront se produire les manifestations de toutes les pensées. Le bureau que vous voyez momentanément installé, et qui se compose de M. Coquerel, de M. Yung et de moi, — je vous demande pardon de me nommer, M. Desmarest, — n'est qu'un bureau provisoire.

Il a fallu d'abord se procurer un local qui pût contenir un très-grand nombre de spectateurs et d'auditeurs; nous avons rencontré dans le directeur du théâtre de la Porte-Saint-Martin, M. Raphaël Félix, un concours obligeant.

La salle dans laquelle vous êtes réunis peut vous contenir tous, elle est favorable pour l'acoustique; je n'ai pas une grosse voix, et j'espère que mes paroles vous parviennent.

Il me reste à vous expliquer sur quelles bases d'organisation provisoire, si vous les approuvez, auront lieu les discussions que nous allons poursuivre à partir d'aujourd'hui, et que nous continuerons tous les jours à la même heure.

Nous avions à régler trois points : d'abord la constitution du bureau; en second lieu, les conditions de la discussion; en troisième lieu, les conditions du vote. Nous avons voulu prendre les mesures les plus libérales et les plus démocratiques, et nous sommes profondément convaincus qu'avec votre concours et votre sagesse toutes les idées pourront se produire ici non-seulement sans inconvénient, mais avec profit pour chacun de nous.

Vous comprenez qu'un bureau provisoire était nécessaire, rien que pour arriver à cette organisation définitive, et pour vous donner le droit à tous, tant que vous êtes, de constater et d'affirmer votre souveraineté. Le bureau que vous avez devant vous est donc non-seulement un bureau éphémère, mais il ne demande même pas à vivre l'espace d'une soirée. Il abdiquera ses pouvoirs dans quelques minutes, entre vos mains. Au moment où il aura terminé son œuvre d'inauguration, je vous demanderai ou de le maintenir en fonctions pour cette soirée, ou de procéder à la nomination du bureau par lequel vous jugerez convenable de le remplacer.

Voilà le premier ordre d'idées dans lequel nous nous plaçons, et la première résolution que vous devez prendre.

Quant à l'ordre des discussions et à la limite des discussions, j'ai été toute ma vie, je vous l'avoue, et je suis encore partisan de l'opinion qui n'admet pas en matière de gouvernement la liberté absolue. Je suis partisan d'une liberté réglée. Mais autre chose est un club, autre chose une société et un gouvernement. Nous pensons que, sans aucun péril, j'ajouterai sans aucun inconvénient autre que celui de quelques paroles ou aventureuses, ou hardies, ou téméraires, qui peuvent frapper l'air, on peut faire l'épreuve d'une liberté illimitée dans la discussion. (*Applaudissements.*)

C'est au moins une généreuse épreuve à tenter dans les circonstances exceptionnelles et douloureuses où la France est placée. Nous venons donc vous demander d'ouvrir un libre cours à toutes les opinions qui voudront se manifester. A une pareille liberté, nous n'admettrons et vous n'admettrez vous-mêmes que deux correctifs, et je les indique tout de suite : le premier de ces correctifs, c'est que l'assemblée devant laquelle l'orateur viendra s'expliquer soit souveraine dans son appréciation. Il y a une souveraineté que nous ne pouvions pas aliéner, c'est la vôtre; et par conséquent nous ne saurions admettre que vous puissiez être contraints de supporter pendant trop longtemps des épreuves qui vous sembleraient trop pénibles. L'assemblée maintiendra elle-même le droit de l'orateur. Le droit de l'assemblée, voilà notre règle.

Nos voisins, très-pratiques, se sont mis en garde contre les orateurs trop longs par ce qu'on appelle la règle du quart d'heure. Nous espérons qu'aucun orateur ne se la fera infliger ; mais l'assemblée, dans sa souveraineté, restera toujours maîtresse de manifester qu'une question lui paraît épuisée ou qu'elle désire entendre d'autres orateurs. Voilà le premier correctif ; il vous appartient, vous en disposerez comme vous croirez devoir le faire.

Il y en a un second.

Vous êtes aujourd'hui une réunion, nous espérons que demain beaucoup de ceux qui sont venus aujourd'hui au club de la Porte-Saint-Martin y trouveront assez d'intérêt, assez d'objets d'études, pour être tentés d'y revenir demain et les jours suivants. Mais d'autres que vous, citoyens, peuvent venir augmenter le nombre des membres de notre réunion et en changer la proportion, et nous ne pouvons avoir la prétention d'engager l'assemblée d'aujourd'hui en lui donnant le droit de peser sur les résolutions de l'assemblée de demain. La souveraineté de chaque réunion implique donc, vous le comprenez, le respect absolu de la liberté de la réunion du lendemain.

Sauf ces deux correctifs, qui n'en sont pas, qui ne sont que des règles imposées par la raison de l'organisation même d'un club, je me résume sur le second point comme je me suis résumé sur le premier : liberté absolue de discussion. Il y aura pour les présidents de chaque jour, pour ceux que vous aurez confirmés ou pour ceux que vous aurez choisis, un devoir impérieux à remplir ; et ce devoir, il consiste dans les efforts que fera le président pour maintenir à votre réunion l'exercice de la souveraineté, et pour assurer à chacun des orateurs la liberté absolue de la parole.

Toutes les opinions, entendez ceci, toutes les opinions, aussi bien dans un sens que dans un autre, auront le droit de se produire. (*Applaudissements.*)

Mais cela implique de la part du président une très-grande impartialité, et cela implique de la part des orateurs la bonne foi dans leurs convictions et le respect d'eux-mêmes. (*Nouveaux applaudissements.*)

Nous ne faillirons pas à notre tâche, et nous sommes sûrs que vous ne faillirez pas à la vôtre.

Le troisième point, c'est la liberté du vote.

Toutes les questions ne sont pas susceptibles d'être tranchées par un vote, mais un grand nombre de questions peuvent avoir ce caractère.

Les grandes réunions comme celle devant laquelle je parle sont souvent animées de sentiments un peu confus, qui ont certaine peine à se dégager.

Pour me préparer au rôle que je devais remplir aujourd'hui pendant quelques instants, j'ai pris la précaution, tous ces jours derniers, d'aller dans un assez grand nombre de clubs. J'ai entendu les orateurs pour voir jusqu'où ils allaient, j'ai étudié les présidents pour voir comment ils présidaient. (*On rit.*)

J'ai étudié les assemblées pour voir comment les assemblées sentaient, comment les assemblées s'impressionnaient, comment les assemblées votaient.

J'ai vu, soit au club de Belleville, soit au club des Folies-Bergères, soit à d'autres, j'ai vu souvent se produire ce résultat : l'assemblée hésitait entre le *oui* ou le *non*. Quelquefois elle approuvait à l'unanimité des résolutions qu'un instant auparavant elle semblait vouloir repousser à l'unanimité. (*On rit.*)

En conséquence, direz-vous, mobilité de l'opinion? Pas toujours, attendez! C'est souvent un peu la faute de l'assemblée, mais c'est souvent aussi un peu la faute du président. Il faut laisser à l'opinion le temps de se produire, il faut laisser au sentiment public le temps de trouver sa voie, et pour cela il faut que le président soit impartial, que les orateurs soient clairs, judicieux, éloquents, qu'ils aient beaucoup de discernement; et alors, soyez-en sûrs, le sentiment public, qui cherche toujours le point juste et droit, ne sera plus incertain, le sentiment public nous donnera une réponse. — Nous ferons de notre mieux. (*Applaudissements.*)

Quand une question sera susceptible d'être votée, il suffira que d'un côté ou de l'autre de cette salle, du balcon, du parterre, etc., quelqu'un demande que la question soit votée, pour que, si je suis président, — je n'engage pas le président de demain, ni celui de tout à l'heure, ils feront ce qu'ils voudront, — je la mette aux voix.

UN CITOYEN. — Vous feriez la majorité, ainsi. (*Protestations.*

M. LE PRÉSIDENT. — Ne vous effrayez pas, citoyens ; la liberté de la pensée est incompressible, mais elle ne conduit pas nécessairement à l'action, et il ne sera pas impossible qu'après un vote du lundi vous ayez un vote du mardi, qui corrige celui de la veille et *vice versâ*. C'est le caractère de la liberté ; elle est dilatable, elle se corrige elle-même, elle est, puisque nous sommes en temps de guerre, comme la lance d'Achille qui guérissait les blessures qu'elle avait faites.

Voilà donc qui est bien convenu entre nous. Vous choisirez votre bureau comme vous l'entendrez, vous direz ce que vous voudrez, vous voterez comme vous l'entendrez, et nous userons tous ensemble de cette grande liberté dont nous voulons faire l'essai, et dont nous espérons trouver la confirmation dans la pratique des institutions républicaines. (*Applaudissements.*)

Citoyens, avant d'abandonner la parole, avant de la laisser à un orateur déjà inscrit, et de la donner après lui, par moi ou par mon successeur, à tous ceux d'entre vous qui viendront la demander, permettez-moi de vous dire qu'autant qu'il nous sera possible de donner une direction à la discussion, dans les circonstances graves, solennelles, douloureuses, mais, je l'espère, bientôt glorieuses dans lesquelles la France est engagée, ce dont nous nous occuperons surtout, ce sera de la défense nationale. (*Applaudissements.*)

La grande préoccupation que nous devons avoir c'est celle de chasser des environs de nos murs, et plus tard et bientôt — Dieu veuille que ce soit le plus tôt possible ! — du sol sacré de notre patrie les étrangers qui le souillent... (*Oui ! oui ! Applaudissements prolongés.*)

Telle doit être notre première préoccupation. Je suis convaincu que dans cette salle, et parmi les auditeurs qui m'écoutent ce soir, il y en a beaucoup qui demain, qui après-demain, qui les jours suivants, contribueront à cette défense dans la mesure de leur énergie, dans la mesure de leur capacité, par les voies glorieuses et effectives de la guerre... (*Nouveaux applaudissements.*)

UN CITOYEN. — Il n'y a pas de Prussiens ici. (*On rit.*)

M. LE PRÉSIDENT. — Nous ne pouvons pas, par conséquent, nous battre contre les Prussiens ce soir. (*Nouveaux rires.*) Je me trompe, citoyens : nous pouvons engager ici contre eux, par des voies morales, une bataille décisive, et remporter, en attendant les combats de demain ou d'après-demain, une victoire triomphante. (*Applaudissements.*)

Je ne sais pas s'ils ont l'intention de bombarder Paris, s'ils ont l'espérance d'y entrer de vive force ; je ne sais si, en perdant cinquante, cent, cent cinquante mille hommes, ils ont l'espérance d'arriver dans nos murs et sur les places publiques ; mais ce que je sais, c'est qu'ils ont l'espoir et le désir d'affamer Paris, l'espoir et le désir de l'énerver moralement. Eh bien ! à cette espérance opposons la force morale de notre union, opposons la force morale de gens destinés à vaincre ou à mourir, et à rester unis la main dans la main, poitrine contre poitrine, pour combattre les oppresseurs de notre pays. (*Très-bien ! très-bien !*)

Ce club s'est réuni dans des circonstances propices ; il a eu le bonheur d'être précédé hier d'une séance d'un tout autre caractère, d'une conférence dans laquelle s'est fait entendre un orateur éloquent, qui a bien voulu s'asseoir aujourd'hui à ma droite, pour ajouter l'appoint de son autorité à ce pouvoir transitoire dont nous sommes revêtus pour un instant encore. (*Applaudissements.*) En entendant les applaudissements frénétiques que vos devanciers d'hier ont donnés à la parole inspirée, libre et fière de M. Coquerel, j'étais tout heureux ; c'était, je le confesse, la première fois que je l'entendais, de sorte qu'à la joie qu'on éprouve à entendre un orateur éminent se mêlait pour moi la joie plus haute de voir se lever comme l'aube d'une éloquence assez haute pour transporter tous les cœurs. Il vous parlait hier, il vous parlera encore de la nécessité de cette union à opposer, comme le premier et le plus redoutable des obstacles, aux envahisseurs de la patrie.

Citoyens, je me figure la république comme le triomphe de deux grandes puissances : comme le triomphe de la liberté et de l'initiative individuelle ; je me la figure également comme le triomphe de la puissance collective d'une nation.

Il y a dans la république de la royauté, et je vais vous dire comment.

Pour cela, je n'ai qu'à me rappeler et à évoquer devant vous les souvenirs de l'antiquité. Quand un dominateur comme l'est aujourd'hui le roi Guillaume, et un conquérant comme il a la prétention de l'être, se préparait à assiéger les murs d'une ville que nous pouvons nommer, je ne dirai pas au-dessus, mais à côté de Paris, de Rome, il y envoya son ambassadeur, le Bismark de ce temps-là. Cinéas fut introduit dans le sénat, et quand il revint rendre compte de sa mission au roi son maître, il avait été tellement frappé de la grandeur romaine, qu'il dit à Pyrrhus, qui comprenait le pouvoir comme on le comprenait en Orient, bien loin des idées de la république : « J'ai cru voir une assemblée de rois ! » Eh bien ! c'est cela la république ! (*Applaudissements.*)

Dans la république, tous les individus sont rois, et c'est pour cela qu'il n'y en a pas d'autre. (*Nouveaux et longs applaudissements.*)

Je ne désire pas voir M. de Bismark dans nos murs comme ambassadeur, je ne pourrais admettre le désir de le voir que comme prisonnier. (*On rit.*) C'est là le moins désagréable de tous les vœux que je pourrais faire à son propos ; mais si le sort de la guerre l'amenait devant nous en parlementaire et un bandeau sur les yeux, je voudrais qu'on lui ôtât son bandeau, qu'il pût voir notre armée se façonnant tous les jours aux règles nécessaires de la discipline sans lesquelles il n'y a pas de succès possible ; je voudrais qu'il pût voir nos jeunes mobiles apprenant tous les jours cet art de la guerre dans lequel ils ont déjà fait de si grands progrès, nos gardes nationaux, mobilisés ou non, montrant tout leur dévouement ; je voudrais qu'il pût voir notre union, nos sentiments fraternels ; — je ne dis pas nos sentiments unanimes, nous ne devons être unanimes que pour la défense de Paris ; pour toutes les questions il faut admettre la liberté des opinions ; — je voudrais qu'il pût voir le merveilleux accord de cette grande cité, décidée à s'ensevelir sous ses ruines plutôt que de céder. Et s'il était admis à venir au club de la Porte-Saint-Martin, je vous demanderais de parler, de délibérer, de voter, de manière qu'il puisse dire, à son retour auprès du roi Guillaume : « J'ai dit à M. Jules Favre qu'il y avait à Paris une populace ; sire, on m'avait trompé, je n'ai vu à Paris qu'une assemblée de rois. »

Voilà, citoyens, sous quelles impressions ce club a été fondé; voilà son passé, il expire; nous sommes maintenant à votre disposition pour conserver ce soir le bureau tel qu'il est installé, ou pour le remplacer, si vous le voulez.

Si vous voulez le confirmer, il restera (*oui! oui!*); mais n'ayez pas peur d'une usurpation, il ne restera que jusqu'à ce soir, et demain ce sera un autre bureau qui se constituera devant vous.

Puisque vous voulez bien nous confirmer, je garde donc la présidence; je tâcherai de me conformer aux règles que je viens de vous indiquer, et je donne la parole à M. de Pressensé qui est le premier orateur inscrit.

Quand il aura terminé son discours, si quelqu'un dans la salle ou autour de moi veut prendre la parole, nous l'entendrons sur le sujet qu'il voudra choisir, et nous pratiquerons les conditions de cette liberté qui est la meilleure politique, comme elle est la meilleure règle de conduite.

La parole est à M. de Pressensé.

DISCOURS DU CITOYEN DE PRESSENSÉ

Citoyens,

Mes premières paroles seront en plein accord avec celles que vous venez d'entendre, et que nous avons applaudies sans réserve.

Mais quand on a l'honneur d'inaugurer cette tribune devant une pareille assemblée, il est un mot qui du cœur monte spontanément aux lèvres : c'est celui dont nous avons nommé notre gouvernement, alors qu'il a pris le drapeau de la patrie sanglant, déchiré et terni ; c'est celui qui est inscrit en lettres de feu dans l'âme même de la patrie. Ce mot, c'est la défense nationale.

Ne craignez pas qu'il s'use comme un vieux refrain ; il a beau être répété, il se rajeunit toujours, parce que nous y mettons le feu de notre patriotisme. La défense nationale, pour nous tous, c'est la ferme décision de combattre à outrance, jusqu'au bout ; de nous donner tout entiers, nous, nos biens, nos enfants, sans refuser aucun sacrifice, jusqu'à ce que le sol sacré de la France soit purgé de l'étranger. (*Sensation.*)

Messieurs, ce mot de la Défense nationale a repris actuellement toute sa signification. En effet, c'est bien la patrie, la patrie seule que nous défendons. Après nos premiers désastres, une équivoque planait encore sur la situation, et l'on pouvait croire que l'on défendait avec la patrie l'empire qui la flétrissait et qui l'a perdue. L'équivoque a disparu (*très-bien!*) : l'empire n'est plus (*bravos*), il est tombé dans la boue sanglante d'où il était sorti ; il a eu une fin digne de ses commencements ; il n'a pas eu, comme son devancier, un dénouement grandiose et vraiment épique ; il n'est pas allé s'échouer sur quelque île lointaine battue de l'Océan. Non, son Sainte-Hélène à lui, c'est un château de plaisance où son triste fondateur est grassement traité par celui aux pieds duquel il avait cru briser l'épée de la France, — ce n'était que le glaive de Décembre (*applaudissements*), — parce qu'il s'imaginait racheter avec ses tronçons une couronne avilie. Non, l'empire n'est plus ; que nous importe ce que fait Napoléon III autour de la table splendidement servie par les cuisiniers de Sans-Souci ? Il peut multiplier tous les manifestes qu'il voudra, ils ne rencontreront que le mépris du monde ; quant à la France, elle ne les ramasserait pas. C'est fini, et bien fini pour toujours.

Il y a longtemps, messieurs, que ceux qui ne séparent pas la foi en Dieu de la justice attendaient ce jour réparateur. Il s'est levé ; et, grâce aux révélations que vous connaissez, il a porté une implacable lumière dans les bas-fonds de cet édifice vermoulu. Comme on l'a dit éloquemment, nous n'avons rien à craindre de ces cendres-là.

Avec la patrie, messieurs, c'est la justice, c'est le droit même que nous défendons, et là est notre meilleure force. Sur ce point encore planait une équivoque au début de la lutte. Je suis de ceux qui, dès les premiers jours, ont détesté cette guerre, qui l'ont maudite, qui y ont vu un attentat contre la civilisation, un nouveau crime du pouvoir personnel expirant, cherchant à se rajeunir dans le sang. Ce n'est pas qu'à mes yeux la Prusse fût l'incarnation de la justice, je connaissais très-bien ses agissements, sa politique violente et perfide ; mais j'étais convaincu que la meilleure sentinelle à placer à nos frontières c'était la liberté ; elle aurait suffi à nous sauvegarder. Je ne dis pas qu'elle eût entravé la reconstruction de l'Allemagne, — car personne n'a le droit de s'opposer à ce qu'une grande nation se donne la forme politique qui lui convient ; — ce qu'elle eût empêché, c'est l'unité allemande sous le joug militaire de la Prusse. Je crois que la liberté, par une sainte contagion, aurait désagrégé ce colosse nouveau qui s'élève pour peser sur le monde et le courber sous son glaive.

La déclaration de guerre en juillet a été, à mon sens, une provocation de Napoléon III; j'y voyais comme un dernier attentat de la bande de Décembre, qui ne voulait pas lâcher la France. Ses héros, comme l'a dit un de mes amis les plus éminents, ressemblaient à ces mauvais serviteurs qui ne veulent pas se laisser chasser de peur qu'on ouvre leurs malles. (*Applaudissements mêlés de rires.*)

Tout a changé maintenant, messieurs, depuis la chute ignominieuse et définitive du provocateur à Sedan : la guerre, de défensive qu'elle pouvait paraître au début de la part des Prussiens, est devenue une guerre abominable de conquête, de pillage et de vengeance : abominable dans ses moyens, car elle procède par le pillage ; abominable dans son but, car elle veut ravir non-seulement des lambeaux de terre, mais des âmes vivantes. Est-ce que nos frères d'Alsace n'avaient pas manifesté de la manière la plus énergique à quelle nationalité il leur plaît d'appartenir, eux qui préfèrent laisser leurs cadavres sur la terre française que de se courber sous le joug prussien? (*Applaudissements.*)

Le chancelier de la Confédération du Nord a pris la peine de dissiper toutes les illusions. Jamais, non jamais, la violence insolente n'a parlé un langage plus audacieux, et n'a plus criminellement défié la conscience humaine. Quant à moi, je trouve que c'est un très-grand résultat que d'avoir obtenu cet aveu cynique. J'ai entendu blâmer la grande et noble démarche de Jules Favre. Ah! messieurs, pour moi, je dirai comme l'éloquent orateur d'hier, M. Coquerel, que jamais la patrie n'a trouvé un organe plus digne de son malheur et de sa grandeur. C'est déjà une victoire du droit d'avoir forcé l'iniquité à déchirer tous les voiles et à ôter tous les masques. Que les diplomates disent tant qu'ils voudront que les négociations n'ont pas été poursuivies selon toutes les règles : avouez qu'ils nous ont bien conduits avec leurs règles (*applaudissements*), eux qui n'ont rien prévu, rien deviné, pas même quand ils parvenaient à s'asseoir sur le traîneau du tzar! (*On rit.*) Qu'ils osent donc comparer leurs notes gourmées à la douleur patriotique de celui qui a représenté la France au jour de sa grande affliction! (*Applaudissements.*)

Une certaine presse a eu le courage de railler la douleur

sincère de Jules Favre, alors qu'on osait lui demander de livrer la garnison de Strasbourg. Elle ne sait donc pas de quel prix l'étranger paye ces pleurs amers du patriotisme outragé ! (*Applaudissements.*)

Le machiavélisme brutal de M. de Bismarck, en passant par la bouche du roi Guillaume et de ses prédicateurs de cour, revêt je ne sais quelle teinte évangélique ; il prend une couleur religieuse. Tout mon cœur se soulève d'indignation quand j'entends le nom de Dieu ainsi invoqué, et il me semble que je vois l'un de ces drapeaux menteurs cloués au grand mât d'un pirate. Mais, puisque les Prussiens aiment les homélies, je leur fournirai pour texte ces mots pris dans un vieux livre qu'ils connaissent bien : « Tu ne voleras point. » Voici comment ils ont traité ce texte : Exorde : *Spoliation du Danemark.* Premier point : *Francfort.* Second point, *Rapt du Hanovre arrosé des larmes du roi Guillaume.* Les Prussiens veulent conclure le sermon avec l'Alsace et la Lorraine ; mais c'est nous qui ferons la péroraison sous les murs de Paris, et qui leur montrerons ce qu'il en coûte de s'attaquer à une nation décidée à défendre son honneur, son sol et ses foyers.

Quelle que soit l'insolence de leurs prétentions, ne disons pas qu'elles sont contre nous. Moi, j'affirme qu'elles sont pour nous et qu'elles nous donnent deux alliés : Dieu dans le ciel, et la puissance la plus invincible sur la terre, la conscience. (*Très-bien ! très-bien !*)

Vous me direz peut-être : « Nous aimerions mieux des canons et des munitions » ; je vous répondrai que la force morale que j'invoque n'est point contraire à la force matérielle. Je dirai plus : je suis intimement convaincu que la matière ne se suffit pas à elle-même, que la force matérielle se corrompt quand elle est livrée à elle seule. Certes, nous en avons eu, citoyens, un exemple assez éclatant. Nous savions bien que l'empire n'était ni la paix, ni la morale, ni la liberté ; mais nous croyions qu'il était au moins la force. Eh bien ! non, il n'était pas la force, il était la faiblesse. C'est que la force matérielle toute seule a bientôt fait de se dissoudre. Oui, l'empereur avait beau énumérer et aligner sur le papier ses corps d'armée et son artillerie, ce compte s'est trouvé faux. Pourquoi ? parce que, dans l'absence de tous les principes, ce grand trompeur était trompé à son tour, et l'événement lui a montré que toute cette puissance dont il s'enorgueillissait ne reposait que sur le néant. Aussi, messieurs, je n'hésite pas à le dire : c'est la force morale qui seule maintient, accroît, centuple la force matérielle. Ceux qui ne croient pas à cette force morale ne font rentrer dans leurs calculs que les régiments et les escadrons, et ils oublient ce je ne sais quoi d'invisible et de tout-puissant qui est l'âme même de la force matérielle. Eh bien ! cette force morale, elle est à nous aujourd'hui. C'est elle, c'est ce grand et généreux patriotisme dont les vibrations palpitent dans tous nos cœurs, qui fait lever les légions du sol fécond de notre France; qui les convoque au rendez-vous de l'honneur national sous les murs de Paris ; c'est cette force morale qui fait la grandeur militaire de ces jeunes mobiles qui renouent les bonnes traditions de 1792 ; c'est cette force morale qui retrempe la valeur de notre milice nationale. Messieurs, n'en doutons plus, avec un tel auxiliaire la patrie sera sauvée. (*Applaudissements.*)

Elle le sera à une condition toutefois : c'est que nous montrerons dans l'ordre politique le même esprit de sacrifice et de dévouement que dans la guerre; car l'héroïsme militaire est si naturel à cette race, qu'il coule comme dans le sang de ses veines. J'abonde dans le sens des généreuses paroles de notre honorable président sur l'esprit d'union, et je les traduis ainsi : Quiconque aujourd'hui veut rompre le faisceau patriotique est un malfaiteur public. (*Applaudissements.*)

Quiconque travaille à nous désunir cherche à faire une brèche à notre enceinte. Nous avons tous sans doute nos préférences, nos aspirations. Il n'est personne de nous qui n'accepte avec bonheur la forme républicaine comme la forme logique et le dernier mot de la liberté. Mais tout en admettant cette belle et noble forme républicaine, nous avons chacun des causes qui nous sont chères et que nous n'oublions pas; mais nous voulons faire crédit à la patrie en danger de toutes les opinions qui pourraient semer la discorde là où il ne doit y avoir que des poitrines unies pour résister à l'ennemi. L'esprit d'union vient de remporter, il y a quelques jours, à la joie profonde de tous les bons citoyens, une de ces belles victoires qui ne coûtent pas de sang et qui sont au bénéfice même de ceux sur lesquels on les gagne : car enfin, s'il n'y avait plus de France, où placeraient-ils leurs rêves?

Quant au jacobinisme opiniâtre qui ne sait évoquer devant nous que le fantôme sanglant du terrorisme, je lui dis: Allez faire de la terreur aux remparts contre les Prussiens, là elle est à sa place, et pas ailleurs! (*Bruyants applaudissements.*) Je fais, messieurs, et j'ai besoin de le dire, une grande distinction entre les meneurs et les masses sur lesquelles ils s'efforcent d'exercer leur influence. Ces masses ne les ont pas suivis; elles nous ont donné un grand et magnifique exemple de patriotisme, et elles aussi ont su faire crédit à la république. Cependant, ce serait s'abuser que de croire qu'elles appartiennent sans réserve à la raison et à la liberté. Pour moi, quand je vois une fraction de notre population entraînée souvent par de mauvaises passions, ce n'est pas de l'indignation que j'éprouve, c'est du repentir pour le parti libéral. Le parti libéral, je n'hésite pas à le dire, ne s'est pas assez cordialement occupé des grands intérêts populaires; il ne s'est pas rapproché de ce courageux peuple de Paris comme il le devait, et je suis bien convaincu qu'un des grands avantages de la crise formidable que nous traversons, c'est précisément un rapprochement fraternel, je ne dis pas entre toutes les classes, — il n'y a plus de classes, — mais entre toutes les fractions de notre chère et bien-aimée patrie. Les questions sociales sont désormais inscrites, non-seulement dans notre esprit, mais dans notre cœur, et le jour est venu de les aborder dans un esprit de justice et de haute fraternité. Nous aussi nous aurons reçu nos leçons, et dans cette grande affliction nationale nous aurons trouvé une épreuve salutaire.

Voilà ce que j'avais à dire des masses. Quant aux chefs et aux meneurs qui ne désarment pas, — je pourrais en fournir la preuve dans des journaux humides encore de l'impression de la soirée, — j'ai de tous autres sentiments. Bien qu'ils prêchent plus ou moins dans le désert, il faut les surveiller, le salut de la patrie est à ce prix. Je n'hésite pas à leur dire: Vous faites un grand fracas de patriotisme, vous nous parlez de mourir sur les ruines fumantes de Paris, mais auparavant vous aimeriez bien faire un petit tour à l'Hôtel de ville. Eh bien! je n'attends pas à la fin du siége pour vous rompre en visière. Nous ne voulons pas de votre démocratie autoritaire, nous en avons assez du césarisme, et il ne nous plaît pas de retrouver la chose sous un simple changement d'étiquette. Nous voulons que la république soit la forme même et la garantie de toutes les libertés, nous l'aimons à ce titre. Si vous vous imaginez la rendre aimable en la rendant odieuse, vous vous trompez. (*Applaudissements.*) C'est parce qu'elle nous est chère que nous voulons la sauver de vos mains. Je vous entends, vous nous jetez pour réponse le nom de réactionnaires. Vous nous donnez le droit de vous le renvoyer : la réaction, c'est vous, si la réaction c'est le retour au despotisme, sous quelque forme que ce soit. Et n'est-ce pas la plus déplorable des réactions que celle qui, dans un de nos arrondissements, vient de suspendre arbitrairement la plus sainte des libertés, la liberté de conscience ? Je proteste énergiquement, et je dis : La réaction, la voilà. Vous n'êtes pas seulement la réaction, vous êtes encore la restauration, ramenant les formes les plus usées et les plus surannées. Les bonnets rouges de 1792 me paraissent aussi risibles que les talons rouges de 1815. Et quand je dis risibles, je me trompe, cela ne me fait pas rire, parce que ces bonnets rouges ne seraient pas faits autrement s'ils étaient commandés par M. de Bismarck. Il disait, le comte insolent, que Strasbourg était la clef de sa maison. Qu'on ne s'y trompe pas : la clef qui lui ouvrirait Paris, ce serait la démocratie frénétique. Je livre à vos méditations cette grande parole d'un illustre proscrit, dont je suis heureux de saluer aujourd'hui le retour à nos foyers. Voilà ce que disait Edgar Quinet, dans son livre sur la révolution qu'on ne saurait trop lire et relire aujourd'hui : « Finissons-en avec ce mysticisme » sanglant, affranchissons au moins l'histoire. L'idolâtrie ne » nous est plus permise. Plus de parti pris, plus de système » de sang, plus d'histoires fétiches, César ou Robespierre, plus » de peuple-Dieu. On a ramassé l'arme du passé pour défendre » le présent. Ne prenons plus des barbaries surannées pour la » preuve de l'énergie du principe nouveau. Meurtre par les » hallebardes ou par les piques, cela est vieux de plusieurs » siècles. Il n'y a de nouveau que l'humanité et la liberté. » (*Applaudissements.*)

Un mot encore, messieurs, et j'ai fini ; savez-vous ce qui me remplit d'espérance et de joie au milieu même de nos douleurs ? C'est que j'ai le sentiment profond que ce pays-ci se relève et que l'heure de sa régénération morale a sonné.

Oui ! je n'en doute plus, quand je compare le Paris d'aujourd'hui au Paris d'hier. Ce n'est plus ce Paris de l'empire, ce Paris où trônaient les grands larrons de la finance et les courtisanes illustres, ce Paris où tout ce qui fait le vrai mérite et le charme de notre nationalité était voilé par la vie luxueuse et fiévreuse. Aujourd'hui, c'est un Paris viril plein de dévouement, un Paris qui s'est entièrement renouvelé. Il y a là le signe précurseur d'une grande régénération morale.

Quand je constate ce changement, je me dis : il valait la peine de souffrir ce que nous souffrons. Ne craignez pas que je diminue cette souffrance, elle est profonde ; j'ai vu de mes yeux, j'ai touché de mes mains les plaies saignantes de l'invasion ; j'ai vu nos paysans affamés, j'ai vu le long cortége des prisonniers dévorant leurs patriotiques souffrances, dont la plus grande était de ne pas pouvoir mourir pour la France, je les ai vus se diriger sur le chemin de l'exil. Et qui donc n'a pas, au delà de ce cercle de fer et de feu dont nous sommes environnés, un être bien-aimé dont il ignore la destinée, et qui est peut-être au pouvoir de l'ennemi ?

Je ne diminue pas nos douleurs, vous le voyez, et cependant, je n'hésite pas à m'écrier : Tout vaut mieux que notre prospérité d'il y a trois mois ; c'est aujourd'hui le baptème du feu pour notre France chérie. Elle avait tout pour elle... tout... excepté une chose. Elle possédait les meilleurs dons de l'esprit ! Qui dira jamais les merveilles de cet esprit français, sa grâce, sa limpidité, sa souple vigueur ? La France avait encore ce qui vaut mieux que l'esprit le plus étincelant : un grand cœur battait dans sa poitrine. Les nations étrangères qui nous jettent la pierre aujourd'hui, et qui nous laissent dans un si morne abandon, peuvent se dire que si l'une d'elles s'était trouvée dans la situation où nous sommes, attaquée sur tous les points, criblée de toutes les manières par un peuple qui n'avait usé de notre hospitalité qu'afin de mieux connaître les points sensibles où il pouvait nous frapper (*applaudissements*), citoyens, la France n'aurait pas abandonné cette nation-là. (*Nouveaux applaudissements.*) C'est là sa grandeur ; mais il lui manquait une chose, c'est la conscience. Elle se retrouve, oui, elle renaît sous les coups qui nous accablent ! La première manifestation de ce réveil de la conscience nationale doit être un sincère aveu de nos fautes et de notre part dans les calamités de la patrie.

Tous nous avons failli, disons-le à haute voix, c'est le commencement de la régénération. Nous avons failli d'abord en supportant trop longtemps le régime qui nous flétrissait. La religion a failli avec ses *Te Deum* officiels, et en mettant son espoir dans le pouvoir que vous connaissez ; mais c'est bien fini, elle va retrouver la dignité dans la liberté. La philosophie, elle aussi, avait failli en nous formulant des systèmes trop commodes, trop pleins d'indulgence pour nos misères morales, et en maximant nos pratiques matérialistes. Pour moi qui ai l'intime persuasion qu'une main divine intervient dans les choses humaines, je suis persuadé que le soc n'a déchiré si profondément notre sol que pour le féconder, et que vous en verrez sortir une France appauvrie sans doute, mais renouvelée, régénérée, digne de la liberté, fondant enfin la république sur le roc de la conscience, et pouvant en 1889 célébrer le centenaire de sa révolution, enfin achevée et consolidée. Mais en attendant, messieurs, il faut sauver cette patrie bien-aimée, il faut la sauver en étant prêts à mourir pour elle. Elle ne mourra pas ! je le jure par la sainteté de notre cause, et au nom du patriotisme qui dévore nos cœurs ! (*Plusieurs salves d'applaudissements.*)

aris. — Imprimerie de E. MARTINET, rue Mignon, 2. — (1)